LA CRÉATION APPLAUDIT

Nicole DURAND

HYMNE A LA NATURE

LES PAPILLONS

Sur l'aire de L'Isle-Jourdain
Ils virevoltent avec entrain.
Striés, jaunes, blancs,
C'est un émerveillement.
On dit des papillons
Qu'ils seraient en voie de disparition
résistants et beaux
Ils n'ont pas dit leur dernier mot.

LE CHÊNE AMI

Je m'appuie contre lui
En moi toute son énergie
Il me rend la vie
Lui, mon ami.
Son écorce est douce à mes doigts
Je le serre contre moi
Son rude tronc est maladroit
Mais il me tient sous sa loi.

AU JOLI MOIS DE MAI

Au joli mois de mai
La montagne pétille de genêts
Elle s'offre une embellie
Sous les verts attendris.
Face à la mine
Elle a bonne mine
La Neste roule de grandes eaux
Venues d'en haut
.   Le chant du grillon
Berce ma méditation.

LA PLATJA DELS CAPELLANS

À Salou, à la plage des curés
L'eau frémissait au printemps
Les corps sur le sable doré
Défiaient le temps.
Je me plongeais dans l'eau salée
Plus que fraîche, en frissonnant
J'appréciais ce bain de santé
Dans le jour finissant.

VOIR BETESA ET MOURIR

Sur le chemin de Betesa
Les genêts fleuris nous saluent.
La montagne me parle tout bas
De la maison que j'ai entrevue
La maison de mi abuela.
Les pierres me donnent un aperçu
De sa vie de pobrecita
Les iris nous souhaitent la bienvenue
Les moutons vont au pâturage gras
En s'éparpillant dans les rues.

LE BOIS DE REJAUMONT

Dans le bois de Réjaumont
On s'enfonce profond.
En ce lieu de rendez-vous
On se régale de répounchous
Sous le couvert des feuillus
Le chemin s'étire à perte de vue.
Les arbres sont des compagnons
Et accompagnent notre méditation.

LA GARDOULLIERE

À Burianne, tout en haut
Se dressent les ruines du château.
De là, la vue est magnifique
Et se goûte comme une musique.
On aperçoit au loin des maisons
Sur la montagne en pâmoison
Le chemin vert mène au ruisseau
Et nous offre le repos.
Dans cet écrin de verdure
La nature donne sa pleine mesure.

LES GOÉLANDS

Sur la côte, les goélands
Vont au restaurant.
Ils picorent dans les assiettes
Et n'en laissent pas une miette.
Ils accompagnent de leurs cris
Les nageurs bien marris.
Mais utiles et dépollueurs
Ce sont de bons nettoyeurs
Ils ramassent les détritus
Dont la plage est pourvue.

LE POIRIER

Vers le bois de Pique-Bise
Le poirier nous tend les bras.
Nous avons la main mise
Sur les poires à cet endroit.
Belles et soumises
Elles nous régalent à tour de bras.
Quand vient la bise
Elles se mettent en tas.
Elles feront des compotes exquises
Dont on se régalera.

LES ARAIGNÉES

Dès qu'on a le dos tourné
Elles s'emparent de la maison.
Elles tissent leurs toiles bien serrées
Et s'installent pour de bon.
Je les chasse d'un côté
Je les traque au plafond
Mais je ne peux les approcher
Elles m'échappent d'un bond.
J'admire leur ingéniosité
Mais je ne peux les garder sans raison.

LE POMMIER

Le pommier sauvage
Offre des pommes mordorées
Il produit malgré son âge
De beaux fruits en quantité
Ce serait dommage
De s'en séparer.
Son vert feuillage
Orne le pré
Dans son branchage
Les oiseaux sont bien abrités.

LA CIGOGNE

La cigogne sur le poteau
Nous regardait d'en haut
Elle annonçait les frimas
Qui nous attendait là-bas.
Ambassadrice de l'hiver
Elle nous mettait le cœur à l'envers.
Ce matin d'été
La cigogne a parlé.

LA TERRE

Les arbres battent des mains
Le long du chemin.
La culture connaît une embellie
Grâce à l'agroforesterie.
Les vers peuplent le sol
D'où les oiseaux s'envolent.
La terre est dans l'enfantement
Vers un éternel recommencement.

ORAGE ?

Notre département
Est en vigilance.
Les rafales de vent
Mènent la danse
L'orage hésite, se reprend
Il s'en va, je pense
Ailleurs, tout simplement.
La pluie devient dense
Elle abreuve puissamment
La terre, quelle chance !

LES MIRABELLES

C'est la saison des mirabelles
Rondes et sucrées, elles sont belles.
Il est temps de les ramasser
Pour faire des confitures en quantité
Les pots s'aligneront
Dans le placard qu'ils rempliront.
Les tartes aux mirabelles ont un goût exquis
Et ravissent les papilles à l'envie.

LA NESTE

Les petits chevaux de la Neste
Rendent le courant plus beau.
Ils ne sont en reste
Pour peupler l'eau :
De la nature ils sont un geste
Venant d'en haut.
Ils revêtent l'eau d'une veste
D'écume blanche en crescendo

LA RATATOUILLE

L'un pèle les oignons
L'autre les poivrons
Aubergines et courgettes
Sont à la fête
Elles remplissent la cocotte
Les tomates ont la tête haute.
Devant l'excellence de la ratatouille
On s'agenouille.

LE FIGUIER

Un oiseau a apporté le figuier
Il s'est développé
Il a enlacé le mirabellier
L'un contre l'autre ils sont pressés
Son tronc est comme un pilier.
Les fruits sont déposés
Délicatement dans un panier
Ils vont être dégustés.

LES VACHES

Les vaches dans le pré
Me ramènent au passé :
Enfant, je les gardais avec ma sœur
Et c'était le temps du bonheur.
Douces, elles respiraient la paix
Et nous apaisaient.
J'ai pour elles une grande tendresse
Elles avaient besoin de caresses
Quand nous les menions à l'abreuvoir.
Je regrette qu'elles aillent à l'abattoir.

AGAPE

Le chemin mène à Agapé
Pour notre promenade préférée.
Agapé est une maison de retraite
Sise sur la crête.
Les ajoncs bordent le chemin
Nous marchons avec entrain.
En haut de la colline,
Un beau paysage se dessine.
Au bout d'une heure environ
Nous regagnons nos maisons.

VERS MONFORT

La douceur des collines
Au loin se devine.
Vers Puycasquier
Abondent les pigeonniers.
Parfois, les perdrix traversent les champs
Sous l'œil émerveillé du passant.
Monfort, territoire bio engagé
Me parle du passé.
Dans la maison natale
Perdurent les relations familiales.

LE MOULIN DE LABARTHE

Pendant des siècles, sous le pont
L'eau du Gers a coulé
Les meules ont broyé les grains à l'unisson.
Le moulin peut-être se trouvait sur un gué
L'île autour de lui est au diapason
Et marie les couleurs diaprées
Dans un vert soutenu et profond
Le moulin est sorti de son silence du passé.
Le pigeonnier se dresse comme un don
Sentinelle dans le pré.

LE JARDIN DE JEANNE

C'est un jardin d'inspiration médiévale
Avec des plantes condimentaires et médicinales
Légumes d'hier et d'aujourd'hui
Se mêlent avec harmonie
Aux fleurs et plantes aromatiques
Dans une éclatante musique.
Les fruitiers et les vignes palissées
Communiquent au jardin un air enjoué.
Au pied de la tour gasconne
La paix se donne.

LA BERGE SAUVAGE

La berge sauvage
N'a pas d'âge.
Elle longe le champ de sorgho
Où se nichent les oiseaux.
Je vais dès le matin
Malgré le temps incertain
Cueillir les fleurs
Aux divines couleurs.
Le chemin court à l'infini
Et nous donne un avant-goût du paradis.

LA RIBERE

À la Ribère le tulipier
Embrasse le bananier.
Dans ce coin de verdure
Exulte la nature.
Pouiou la poule picore
Et cherche des trésors.
La belle demeure
Au long des heures
Garde le passé
Teinté de gaieté ;
Elle parle d'êtres chers
Qui ont respecté la terre.

LES COULEURS

Orange, rose
L'abandon elle n'ose.
Mauve, bleu, vert tilleul
Elle pense à son filleul.
Vert, jaune, orange
Elle part avec les anges.
Vert tilleul, rouge
Dans son sommeil elle bouge.
Au plafond, les dix couleurs
Défilent d'heure en heure
Dans la salle de repos
Elles soigneraient par le beau
Je crois bien mieux
À la paix venant de Dieu

LE JARDIN DE JEAN ET YVETTE

C'est un jardin extraordinaire
Comme dit la chanson.
Les tomates de Jean, de la terre
S'élèvent à l'unisson ;
Seule la courgette erre
Mais reste au diapason.
Le figuier débonnaire
Offre ses fruits à foison.
La treille a souffert
Mais le raisin est bon ;
Il y a du dépaysement dans l'air
Avec l'arbuste taillé comme au Japon
Le bassin d'Yvette sera cher
À ceux qui le contempleront.

LE PARC DU COULOUME

Au parc du Couloumé
Trône l'arbre de la liberté.
C'est un orme résistant
Au feuillage abondant.
Autour de lui se dressent les arbres, joyeux
Nous nous y promenons, heureux.
Ce parc est un bijou
On vient le voir de partout.

LA CRÉATURE APPLAUDIT

LE REPAS DES VOISINS

Sous la guirlande électrique
Qui donne à la place un air magique
Les voisins se retrouvent comme au bal
Pour un repas convivial.
Les conversations s'animent
L'alcool donne « bonne mine ».
L'on se régale de délicieux mets
Le rougail a du succès.
La valse musette
Fait tourner la tête.
Soudain, l'un fait baisser la musique
Pour parler de politique ;
Le ton monte, la colère surgit
Puis autour de la poire, on se réconcilie.
C'est un théâtre plus vrai que nature :
Grâce à ce repas, les relations perdurent.

LA COUR

Réception était donnée
Dans la haute salle
Aux murs lambrissés.
Les mots comme des pétales
Tombaient des bouches parfumées.
Tel le Prince de Galles
Jetant un discours enrubanné
Sur une mer étale
De noir vêtu, le chat botté
Captivait gente dame et auditoire mâle.
Grand poisson aux cheveux permanentés
Naviguait en eaux plutôt sales
Attirant Petit loup dans filets.
Mais lui, avec dans ses yeux comme un râle
Venait cueillir de Chouette effraie le baiser.
Renard rusé, donnant de la pale
Jaugeait son monde, le regard acéré ;
Et flanqué de Petit loup, d'un pas égal,
Repartait dans son char doré.

WARDA, LA ROSE

Un matin, tu es né
De mon désir immense, fou
De tout réparer, tout réconcilier.
Je voulais te porter avec des mots doux
Des mots bleus, des mots à pleurer.
Mais ceux qui savaient tout
De mon bébé se sont emparés.
Il a grandi, reçu des coups
De main en main est passé
Dans un mouvement de vie, en a emporté beaucoup.
Rose, ma rose, un matin tu as duré.
Mais ce désir immense était-il fou ?
Il était peut-être la vie, toujours recommencée.

PAYSAGE D'ANGOISSE TRAVERSE D'ALOUETTE

Terre désolée, nue, stérile
Blessée à jamais d'avoir été mal aimée
Quelle graine peut jaillir de tes entrailles ?
Cette maison n'est pas ta maison
Cet homme n'est pas ton époux
Cet enfant n'est pas ton enfant
Ce métier n'est pas ta passion
Tu n'habites ta vie qu'en songe
Dans le dérisoire et l'irréalité
De ratage en raté, d'éclat en retombée.
Mais du sein du fond,
Une petite voix tremblée
Chante obstinée :
« Victoire, tu régneras ! »
Et de ta blessure toujours ouverte
Coulera la vie.

LE COUPLE PASTORAL

Daniel nous exhorte avec des mots
Soufflés par l'Esprit Saint
Élisabeth est au piano
Accompagnant les chants avec entrain.
Pour notre église c'est un cadeau
Le Seigneur a posé sur nous sa main
Nous allons repartir de nouveau
Et distribuer le pain
Des projets vont refleurir d'En-Haut
Avec vous, nous franchirons le Jourdain.

JEAN-LUC ET ISABELLE

Jean-Luc, Malebric t'a vu petit
Bâtir des garages à cochon
Sous l'œil attendri
De Papi et Mamie au diapason.
Avec Isabelle vous avez construit
Un foyer, une maison.
Vous avez de beaux petits
La guitare, les chansons.

DANS LA PÉNOMBRE

La chaleur est intense
Pleine et dense.
Je m'enferme dans la maison
Comme dans un cocon.
Je suis dans l'ombre,
Blottie dans la pénombre.
La maison étend ses bras
Rafraîchissants, autour de moi.

ESPÉRANCE

Mon cœur est plein de laideur
Je rumine mon malheur.
Mais tu veux me délivrer
Je suis ta petite fiancée
Je suis inscrite au creux de ta main,
Avec Toi, il y a toujours un lendemain
Un avenir, une espérance
Au lieu de la désespérance.

LE PAYSAN

Attelé à la terre
Jamais il ne partait le paysan.
La sueur était amère
Mais jamais il ne comptait son temps.
Comme des bœufs la paire,
Il allait, courbé sur son champ
Elle portait de beaux fruits la galère
Et le tenait toujours droit devant.

MA CLE-CLE

Tu nous as pris par la main
Pour nous ramener sur le chemin
Du Bien-Aimé
Tu nous as enfantés
Dans les eaux du baptême
O combien Jésus nous aime !
Tu nous fais ce beau cadeau
Venant du Très Haut
Il nous redonne la vie
Dans le Seigneur Jésus-Christ.

SAISONS EMMÊLÉES

Au son du piano
Je déclame « saisons emmêlées »
Les notes en do
Sont divinement égrenées
J'ai mal au dos
Mais la musique m'a réconfortée.
Se déchaînent les mots
Les saisons sont colorées.

BONNE ROUTE FAMILLE FOURNIER

Je vais perdre mon soleil
Jeanne, ma petite merveille
Et ses frères toujours en éveil.
Leur Maman nous a dévoilé ses talents
De conteuse, de directrice de Tipi-Ardent
Leur Papa, de sa guitare a joué avec allant.
À l'attachement, il faut renoncer
Et se tourner vers le Bien-Aimé
Vous et nous en route pour l'éternité.

MARIE-CHANTAL

Elle est pleine de vie
Elle dégage de l'énergie
Elle est courageuse
Toujours travailleuse.
Elle fait de la dentelle
Réalise des choses belles
Avec les personnes âgées ;
Avec l'enfant autiste, elle peut espérer.
Elle a fait une brillante carrière
Elle peut en être fière.

IMMERSION

Au château de Lary
L'appel de Dieu a retenti
Par un jour de plein été
Dans les eaux nous fûmes plongés
Ce furent la mort et l'ensevelissement
Par cet acte d'engagement
Nous ressuscitons avec Lui.
Pour l'homme d'aujourd'hui
Ce bain de régénération
Est une prédication.
Ce baptême reçu par la foi
Nous rapproche du Roi

ELIETTE

Son rire en cascade
Nous a réjoui à la régalade.
Son sourire perlé
Nous a rempli de gaieté
Chaleureuse et vivante
Elle a soulagé des vies souffrantes.
Son souvenir est précieux
Elle est auprès de Dieu.

FRÈRES ET SŒURS

Joyeux et pleins d'amour
Ils se retrouvent toujours
Fidèles pour le culte
De joie ils exultent
Accompagnés de belle musique.
Assidus aux études bibliques
Ils prennent soin les uns des autres
Comme le faisaient les apôtres.
Cette église de Fleurance
Monte en puissance.

LE REPAS COMMUNAUTAIRE

Les frères se rassemblent
Pour un repas pris ensemble
À la campagne chez Barnabot
Le temps est au beau.
L'un apporte les tartes, les salades
L'autre les gâteaux, quelle régalade !
Après, nous allons admirer les petits cochons noirs
Attablés devant leur mangeoire.
Nous sommes tous en communion
Dans la nature goûtée à profusion.

VERS UNE NOUVELLE VIE

Voici que l'hiver est passé
Les fleurs ont germé sur notre terre
La voix de la tourterelle
S'est fait entendre dans nos campagnes.
Creuse, creuse ton puits
Elle jaillira la source de vie.
Apporte-nous l'eau de ton puits
Le bon vin est pour maintenant.

ESPÉRER

L'espérance
Comme une petite fille
Dans mon cœur danse
Elle grappille
La désespérance
Et la rend pupille.
Elle sème la délivrance.

PETITE, SI PETITE VOIE

Mes pas ont tracé un sentier maladroit
Dans le petit bois
Telle est ma voie
Petite, hésitante
Tremblante
Mais par Toi si puissante.
Au bout du tunnel le bleu
Comme la page d'un livre merveilleux.

MARIE-ANDRÉE

C'était une dame adorable
Toujours abordable
Elle a porté « Dialoguer en poésie »
Avec une force inouïe.
C'était son enfant, sa création
Elle en parlait avec émotion.
Elle mérite un bel hommage
À Pierre de continuer son héritage.

Éditeur :
Books on Demand GmbH,
12/14 rond-point des Champs Élysées,
75008 Paris, France

Correction d'épreuve et mise en page :
Pierre Léoutre
Avec le soutien de l'association
« Le122 » à Lectoure (Gers)

http://pierre.leoutre.free.fr/

« Dialoguer en poésie », département autonome
de l'association « Le 122 » à Lectoure (Gers)

Impression :
Books on Demand GmbH, Norderstedt, Allemagne
ISBN : 9782322114870

Dépôt légal : octobre 2016
www.bod.fr